Sustainability is for Everyone

Hållbarhet är för alla

Alan AtKisson

Översatt av Kristina AtKisson

Hållbarhet är för alla

(Originaltitel: Sustainability is for Everyone)

Första utgåvan 2013

Andra utgåvan 2017

Första utgåvan på svenska 2020

ISBN: 978-0-9911022-8-0

DEDIKATION

Till minnet av Donella Meadows,

som jag hade turen

att ha som vän

INNEHÅLL

Förord till andra upplagan

Hur skulle det kännas om hela världen kom samman, bara ett ögonblick, och enades om en positiv framtidsvision? En vision där det ingick att ha rent vatten och luft, bevara allt liv i havet och på landet, stabilisera planetens klimat och se till att varje kvinna och man på jorden hade allt hen behövde — mat, hälsa, anständigt arbete, frihet från fattigdom och alla former av ojämlikhet, och en känsla av att hen också hade en positiv framtid alla hens egna? Och dessutom kunde alla känna sig trygga om att deras barn och barnbarn också kunde se på framtiden med äkta hopp och optimism?

Det ögonblicket kom den 25 september 2015, vid FN: s högkvarter i New York City.

På den dagen kom 193-ländernas ledare överens om att anta ett anmärkningsvärt dokument som innehåller precist en sådan vision. Visionen kallas, något opoetiskt, "Att förändra vår värld: Agenda 2030 för hållbar utveckling". Men innehållet är mycket mer inspirerande än vad man skulle ana från titeln.

Faktum är att Agenda 2030 är mer än en vision. Den innehåller även en uppsättning 17 specifika och detaljerade mål som alla nationer har åtagit sig — "Globala målen", eller "SDGs" som de kallas i den engelska förkortningen ("Sustainable Development Goals"). De Globala målen är avsedda att uppnås år 2030, och bland dessa mål kan du hitta allt som jag nämnde i det första stycket, och mycket mer.

Kommer världen att uppnå visionen? Det beror väldigt mycket på oss. Det står mycket tydligt i Agenda 2030 att regeringar kan inte förväntas åstadkomma allt själv. Den omvandlingen vi behöver genomföra för att realisera denna underbara, positiva vision kan bara uppnås om hela världen verkligen arbetar tillsammans. Med "hela världen" menar jag även dig, mig, och alla kommuner, städer, företag, skolor, universitet, organisationer och institutioner som du kan komma på. (Och många fler som du förmodligen inte kommit på.)

När jag först skrev den här lilla boken i mitten av 2013 var det nästan otänkbart att hela världen skulle komma överens om en sådan positiv och transformativ vision. Många trodde att universella hållbarhetsmål för hela världens utveckling var en omöjlig dröm. Förhandlingarna var svåra. Frågorna blev mycket komplicerade. Under mötena vid FN:s högkvarter engagerades tusentals människor, som ofta arbetade väldigt sent på kvällen. Processen pågick i nästan tre år.

Men de lyckades. Kanske ska man uttrycka det så här: *vi* lyckades, för människorna som träffades in New York den 25 september 2015 hade kommit dit som representanter för varje nation på jorden. Det vill säga, de representerade hela mänskligheten.

När jag arbetade fram den här lilla boken skrev jag först och främst till mina arbetskollegor, de som jobbar med hållbarhet professionellt. Till min stora överraskning och glädje blev boken populär hos människor långt utanför hållbarhetsbranschen. Hittills har boken sålt över 30 000 exemplar. Den har översatts till flera språk. Ibland har folk köpt hundratals eller till och med tusentals exemplar, för att ge ut till varje anställd, student, kollega eller vän i sitt nätverk. Folk verkar använda den här boken som ett slags introduktion till hållbarhet — eller som en liten inspirationstillskott — för att hjälpa människor förstå det stora målet bakom det lilla ordet.

Eftersom hållbarhet, eller det globala "Hållbarhetsmålet" som ligger bakom de sjutton FN målen, är ganska enkelt, men väldigt stort. Målet är att göra världen till en bättre plats, på alla sätt. Att undvika allvarliga miljö-, sociala och ekonomiska katastrofer. Att säkerställa en positiv framtid för alla människor och för hela planeten. Att se till att denna framtid är inte bara en härlig vision, utan en levande verklighet.

Agenda 2030 och Globala målen, som skapades av hela världen, är också avsedda för hela världen. De hjälper till att dra den positiva framtiden mycket närmare. Men vi har långt kvar att gå. Därför bestämde jag mig att släppa en andra utgåva av den här lilla boken. För idag mer än någonsin, och under en lång tid framöver: hållbarhet är för alla.

— Alan AtKisson
Stockholm, sommar, 2017

Innan vi börjar …

Tänk dig att du har en barndomsvän som du har hållit kontakten med in i vuxen ålder. Ni tycker väldigt bra om varandra så du blir bekymrad då din vän börjar röka. Du märker sedan att din vän blir en alltmer inbiten rökare och också dricker mer alkohol än tidigare. På senare tid har din vän även fått dåliga spelvanor och har bett dig om att få låna pengar. Du kan se hur din väns liv kommer att utvecklas. Du kan inte låta det fortsätta på det här viset. Din väns hälsa, ekonomi eller familjesituation kommer att drabbas hårt, med tragiska konsekvenser. Så du vill ingripa på något sätt. Du vill hjälpa din vän att slå in på en annan väg, att leva ett mer hälsosamt, lyckligt och balanserat liv.

Med andra ord, du vill att din vän ska leva på ett mer hållbart sätt.

Det är det här som hållbarhet handlar om: på den mest fundamentala nivån, ett sätt att leva – som individ, familjer, lokalsamhälle, företag, nation eller mänsklig civilisation – som inte oundvikligen leder till en krasch. Ett sätt att leva där det vi människor behöver och vill ha inte är i konflikt med det naturen kräver för att vara i balans. Ett sätt att leva där våra gemensamma resurser hanteras på ett förnuftigt sätt och de uppenbara och betydande riskerna undviks. Ett sätt att leva som kan fortgå i generationer och som ger alla människor på jordklotet en chans att njuta av ett bra liv, samtidigt som var och en bidrar till allas välfärd.

Det är visionen om hållbarhet i ett nötskal. Människor som arbetar för hållbarhet – oavsett om de är verksamma inom fältet eller bara strävar efter att åstadkomma en positiv förändring på något plan – känner ofta igen sig i situationen med personen ovan som vill hjälpa sin vän att få ett bättre liv. Att tillåta farliga trender att fortsätta, utan att ingripa, är helt enkelt otänkbart.

Om du känner på det här sättet, i hög grad eller bara en aning, så är den här boken avsedd för dig.

Om den här boken

Syftet med den här boken är att inspirera dig.

Jag har jobbat professionellt med hållbarhetsfrågor i över 30 år. Det är en lång tid och jag har jobbat hårt under dessa år för att främja visionen om hållbarhet liksom åtgärder för att nå dit. Jag har hållit hundratals föredrag, presentationer och workshops, i fler än femtio länder; jag har utvecklat verktyg och metoder för att sprida idén hållbarhet; utbildat hundratals personer för att hjälpa dem att i sin tur sprida hållbarhetstänk; publicerat böcker och artiklar; varit rådgivare åt stora företag, regeringar, stadsförvaltningar, miljöorganisationer och Förenta Nationerna. Jag har till och med skrivit sånger som hållbarhet.

2013 valdes jag in i *The Sustainability Hall of Fame*™ av *The International Society of Sustainability Professionals.*[1]

För att fira denna utmärkelse – och för att organisatörerna bad mig att dela med mig av min "visdom" och mina erfarenheter – skrev jag den här lilla boken. Boken är i själva verket en uppsats, en "essay", ett ord som på engelska betyder både "essä" och "försök".

Texten är delvis ett försök att kompensera för det faktum att jag inte känner mig värdig en dylik utmärkelse. Ja, jag har arbetat hårt, men det finns så mycket mer som måste göras, och andra har arbetat ännu hårdare än jag.

Men boken är också ett försök att berätta lite om hållbarhet – dess

---

[1] Jag blev rörd och hedrad av denna utnämning — även om jag måste konstatera att uttrycket "sustainability hall of fame" nästan verkar vara en oxymoron. Om man arbetar inom hållbar utveckling är man allt annat än berömd. Men jag tackar ISSP och dess jury för att de låter mig ingå i samma sällskap som personer vars arbeten och livsgärningar har utgjort en inspirationskälla för mig. Och jag erkänner, tacksamt, att jag aldrig skulle ha fått denna utmärkelse om jag inte hade haft några av världens mest briljanta tänkare inom hållbarhet, och då särskilt grundarna och medlemmarna i Balaton Group, som mina mentorer, coacher och vänner.

historia, nutid och framtid — som inte passar in i andra skrivna format. Att skriva en text i "jagform" tillåter mig dessutom att blanda in tankar, känslor, reflektioner och råd på ett väldigt personligt sätt, vilket passar perfekt för det som jag har att säga.

Texten utgör också ett bra tillfälle för mig att dels framföra ett par varningar, dels berätta om saker som jag ångrar.

Varför vill jag då framföra dessa varningar och berätta om sådant jag ångrar i en bok som är tänkt att inspirera dig? Jo, för att jag har stött på ett par situationer i mitt arbetsliv som har varit bekymmersamma, och jag vill gärna hjälpa dig – som nybörjare eller erfaren inom fältet – att undvika liknande bekymmer. Jag vill dela med mig av en del insikter som har hjälpt mig på vägen, och jag vill också att du ska lära dig av mina misstag. För det finns ofta mer att lära av misslyckanden än av framgångar.

Mest av allt vill jag föra fram ett specifikt budskap, och jag vill be dig att hjälpa mig att sprida detta vidare.

Det här är bokens huvudsakliga budskap:

Hållbarhet är för alla.

Det är ett enkelt påstående som har en viktig innebörd. Ur ett historiskt perspektiv har – hållbarhet och andra besläktade ord och begrepp – utgjort glöden hos en relativt liten grupp av forskare, chefer, aktivister, lärare och konsulter. Men sedan begreppet "hållbar utveckling" 1987 introducerades som begrepp på global nivå av den FN-kommission som hade norska stadsministern Gro Harlem Brundtland som ordförande, har en långsamt växande grupp människor samlats kring denna eld.

När "gamlingar" som jag ser oss omkring kan vi med glädje konstatera att det finns så många fler av oss nu. Jämfört med förr tycks denna samling av människor vara enorm.

Men det faktum att vi fortfarande utgör en särskild grupp människor är ett problem. För hållbarhet är inget som kan ske vid sidan av allting annat, något som endast vissa, starkt engagerade personer kan förstå, prata om och arbeta med. Hållbarhet är ingen hemlig kunskap.

Hållbarhet är för alla.

Hållbarhet innebär att få världen att fungera. För alla. Och det betyder att det är dags för oss att se till att hållbarhet når resten av världen.

Och att den finns med överallt.

I den här boken presenteras ett par idéer och förslag på hur man kan göra hållbarhet tillgänglig för alla, utan att vattna ur eller ändra dess innebörd. Boken är tänkt att sätta igång en dialog och att förstärka den redan pågående trenden: normaliseringen av hållbarhetstänket och dess tillämpning i livets alla aspekter. För de av oss som arbetar inom hållbarhetsområdet är det just detta som är vårt yttersta mål.

Om vi ser tillbaka har vi redan kommit långt. Om vi ser framåt har vi långt kvar att gå och det finns många hinder i vår väg. Det största hindret är det faktum att hållbarhet i sig inte är lätt att kommunicera – och att alla inte vet om att de faktiskt behöver och är beroende av hållbarhet.

Men fler och fler vet, eller känner det åtminstone. Hela världen behöver hållbarhet, och det snabbt. Så här kommer några tankar om hur vi ska föra in hållbarhet där den behövs som mest.

Vi måste se till att hållbarhet inte enbart engagerar oss som driver frågan idag – utan att hållbarhet engagerar oss alla.

❖

Vad hållbarhet tar med sig till festen

Om världen var en fest skulle hållbarhet vara den nördiga kusinen som av någon anledning inte blir inbjuden — inte för att ingen tycker om henne utan för att alla antar att hon inte skulle passa in. Eller att hon inte gillar att festa. Eller att hon inte vet hur man gör.

Men om alla förstod vad hållbarhet verkligen har att erbjuda skulle hon bjudas in till alla fester, för att hon är riktigt rolig och har med sig så mycket av det som vi alla bryr oss om.

Det är i själva verket så att hållbarhet inte skulle vara något mindre än själva festens medelpunkt och att festen rent av skulle vara en dödlig mardröm utan henne.

Så låt oss titta på några av de saker som hållbarhet har att tillföra rent innehållsmässigt. När vi gör det, så kommer vi att se att det rör sig om sådant som nästan alla yrkesverksamma personer, chefer, företag, lärare, anställda inom statliga myndigheter – you name it – skulle ha nytta av.

När man ser de värden som ett hållbarhetsarbete medför brukar ett engagemang för hållbarhet växa fram.

Ett systemperspektiv. Gudarna ska veta att vi alla behöver ha ett systemperspektiv i denna komplexa och sammanlänkade värld. Att inhämta kunskap om hur olika typer av mänskliga och naturliga system kan beskrivas och analyseras i termer av tillgångar, flöden, positiva och negativa återkopplingar och förseningseffekter, inklusive länkar mellan mänskliga beslutsval och dess fysiska och sociala dominoeffekter — borde vara ett allmänt utbildningskrav. (Tips: Läs Donella Meadows klassiska bok *Thinking in Systems: A Primer*, utgiven av Chelsea Green 2008. Det hon skrivit om system är alltid det bästa stället att börja på.)

Begreppet "systemtänkande" låter komplicerat men det är faktiskt riktigt roligt! Det finns i själva verket många utmärkta spel som lär ut systemtänkande och som du kan använda i skolan, på din arbetsplats ... eller på en fest! Se *The Systems Thinking Playbook.*[2]

---

[2] *The Systems Thinking Playbook* av Linda Booth Sweeney and Dennis Meadows, publicerad av Chelsea Green, 2008. Dessa fantastiska spel är lätta att lära sig och att leda ... och de funkar verkligen på ett party!

Dessutom så medför ett systemperspektiv inget mindre än ett sant intellektuellt nöje.[3] Genom att fråga "vad är orsaken till det?" eller "vilken påverkan har det?" leds man vidare längs oändliga vägar av nya upptäckter och insikter.

Långsiktigt tänkande. Tänkande är inte ett löst begrepp eller ett luddigt ord i detta sammanhang. Långsiktigt tänkande innefattar förmågan att läsa av trender, analysera data, lägga upp strategier och planera för ett önskvärt resultat. Hurra för vår förmåga att tänka! Hållbarhet medför tonvis av tänkande till dansgolvet och bygger upp allas förmåga att hantera tuffa problem av olika slag. Mycket värdefullt!

En ny kompass. Hållbarhet hjälper människor att brottas med frågor som rör miljökvalitet, ekonomisk produktivitet, samhället i stort liksom individers välfärd, allt på samma gång. För många år sedan slog det mig att dessa fyra dimensioner av hållbarhet (ursprungligen identifierade av Herman Daly, se nedan) sammanföll perfekt med en kompass och dess fyra riktningar: N (North)=Natur, E (East)=Ekonomi, S (South)=Samhälle, och W (West)=Välmående (Wellbeing). Sedan 1997, då den uppfanns, har Hållbarhetskompassen använts av många olika människor och i olika sammanhang i världen, från ursprungsbefolkningar i Australien och Latinamerika, till skolor i Filippinerna och Thailand, och av företagsledare i Europa och USA. Vilket samtalsämne! Ta med Hållbarhetskompassen till nästa fest du går på. Eller till nästa workshop, styrelsemöte eller läroplansplanering.

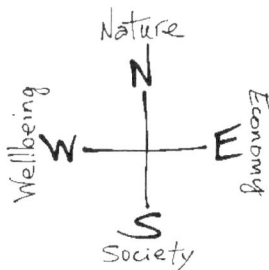

---

[3] Jag tror att det intellektuella nöjet är en del av ett party. Visst, folk dricker, dansar och flirtar på en fest. Men de pratar också. De hänger i hörnen och delar med sig av sina djupaste tankar och hemligheter. De går ut, tittar upp mot Vintergatan och säger, "wow!" Partymetaforen fungerar väldigt bra här.

En känsla av mening och syfte. Jag tror att många människor arbetar utan en känsla av att deras arbete bidrar till något meningsfullt och långsiktigt. Om jag har rätt, och om hållbarhet verkligen är för alla, så går detta att råda bot på. Det finns många sätt, ganska ordinära sätt, som göra att hållbarhet kan tillföra en djupare mening till alla typer av arbeten och yrken, från "jag gör världen till en bättre plats för mina barn", till "jag arbetar för att skydda eller bevara något som jag bryr mig mycket om", eller till "jag tror på rättvisa och på att ge alla människor samma möjligheter att leva ett framgångsrikt liv". Denna syn på ens arbete gör ett betydligt större avtryck inom oss än "jag hjälper till att maximera värdet för våra aktieägare". Att arbeta för hållbarhet ger människor en chans att känna meningsfullhet varje dag.

Jag slår vad om att du kan fylla på listan med saker som hållbarhet kan ta med sig till festen, genom att börja med de uppenbara sakerna som jag hoppade över (som att minska kostnader och risker eller stimulera innovation och nytänkande), till att skapa en förståelse för något abstrakt globalt koncept som du har som favorit. (Det koncept som jag själv har som min nuvarande favorit är det nya namn som vår geologiska era givits, den era då mänskligheten blev den dominerande förändringskraften på vår planet: "Antropocen" [4].)

Hållbarhet är för alla eftersom alla kan hitta ett koncept, ett verktyg eller ett tillämpningsområde som de kan använda eller som fascinerar dem. Om de lär känna konceptet, verktyget och tillämpningsområdet, och börjar utnyttja dessa så kommer de troligtvis att hitta något som är värdefullt – för sig själva, för organisationen de tillhör, för sitt närsamhälle, för sitt land och säkert för världen i stort.

❖

---

[4] Det finns en vacker och informativ hemsida som beskriver detta nya koncept (på engelska): http://www.anthropocene.info

"Stor" och "liten" hållbarhet

En av pionjärerna inom hållbar utveckling är Herman Daly, en mycket känd forskare inom fältet ekologisk ekonomi. Genom Dalys arbete har jag kommit i kontakt med många nya idéer och koncept – idéer som numera är så djupt integrerade i hållbarhet att yrkesverksamma inom fältet knappt lägger märke till dem längre. Bland många andra bidrag (till exempel de fyra kategorierna som blev Hållbarhetskompassen), presenterade Daly koncepten "svag hållbarhet" respektive "stark hållbarhet" för mig. "Svag hållbarhet" är förmodligen inte hållbart alls då man förlitar sig på att vi kontinuerligt ersätter naturresurser, i takt med att de tar slut eller blir knappa, med hjälp av mänsklig uppfinningsrikedom. Det händer i viss utsträckning, men idén om svag hållbarhet tar inte fullt ut hänsyn till naturens icke förhandlingsbara gränser. Vi har faktiskt bara en planet, och måste leva inom denna planets gränser, vilket är insikten bakom stark hållbarhet – begreppet som jag föredrar (och som Daly föredrog).[5]

Men Herman Daly presenterade mig också tanken att det kan finnas mer än en sorts hållbarhet, och att vi kan prata om och tänka på hållbarhet på ett tydligare sätt om vi ser dessa skillnader. I den andan skulle jag vilja introducera två nya koncept: "stor hållbarhet" och "liten hållbarhet".

"Stor hållbarhet" syftar på de stora utmaningar som alla vi som arbetar med hållbarhet ställs inför: klimatförändringar, utarmning av den biologiska mångfalden, behovet att lyfta miljarder av människor till en ökad materiell välfärd, och så vidare. Vi refererar ibland till detta som global hållbarhet.

"Liten hållbarhet" är sådant saker som personer inom fältet hållbarhet

---

[5] Här är några formella definitioner, en anpassning av Herman Dalys och andras begreppsapparat: Att praktisera svag hållbarhet innebär att man accepterar att naturresurser uttöms eftersom man tror att framställda tillgångar alltid kan ersätta dem. Att utöva stark hållbarhet innebär att man tror att framställda tillgångar inte kan ersätta naturresurser i all evighet utan att naturresurserna måste bibehållas eller förbättras.

vanligtvis arbetar med – till exempel åtgärder för att öka välbefinnandet bland lärare och elever vid en viss skola, eller ett medelstort företags strategi för att förbättra sina produktionsmetoder och därmed minska sin miljöpåverkan.

Dessa två koncept är uppenbarligen starkt sammanlänkade; "små" hållbarhetsfrågor är hållbarhetsfrågor på grund av de stora hållbarhetsfrågorna som vi står inför. Det är dock viktigt, rent praktiskt, att veta vilket av dessa två koncept som du arbetar med för närvarande.

Då du kommunicerar med människor om sådant som har att göra med hållbarhet måste du stanna upp och fråga om din uppgift är att engagera människor i en stor hållbarhetsfråga? Behöver du berätta om hela Agenda 2030, sätta in dem i det senaste inom klimatforskning, eller framföra nyheter om det senaste djuret som förts upp på listan över hotade arter, eller den rådande situationen för rika och fattiga i världen? I så fall rör det sig om stor hållbarhet.

Behöver du snarare fokusera din uppmärksamhet och dina ansträngningar på att hjälpa en specifik person, eller en viss organisation att ta ett steg i riktning mot en bättre värld? Då rör det sig om liten hållbarhet.

Skillnaden är inte så glasklar som den först verkar. Faktum är att många personer som arbetar med hållbarhet ofta blandar ihop dem. Många av oss tror att vi jobbar med stora hållbarhetsfrågor fast vi egentligen arbetar med små. Vi fortsätter att *tänka* globalt då vi egentligen borde fokusera på att *agera* lokalt. (Det är en tendens som jag själv har och rutinmässigt måste brottas med.)

Hållbarhet för alla betyder i slutändan både stor och liten hållbarhet. Men som vi kommer att se är det oftast oftast viktigaste och mest effektivt platsen att använda liten hållbarhet som utgångspunkt.

Liten hållbarhet är *i allra högsta grad* för alla.

❖

Hur ska du prata med en _____ om hållbarhet?

Du kan komplettera den tomma raden ovan, med vilken typ av person eller roll inom en organisation som du vill. Svaret på frågan är alltid detsamma.

På deras eget språk.

Ska du prata med ekonomichefen? Var beredd med siffror och fallstudier som visar hur ni kan få en positiv avkastning på investeringar eller hur risker undviks. Som tur är finns det massor av sådan information att tillgå, liksom en stor mängd konsulter och intresseorganisationer som fyller på med mer.

En lärare? Ja, här finns det en rik vokabulär och ett tillämpningsområde som kallas utbildning för hållbar utveckling. Utbildning för hållbar utveckling har en väl utformad pedagogik och är till och med en global rörelse som har redan fått en egen dekad inom FN (2005-2014). (Ett erkännande: innan jag började arbeta med personer som jobbar i skolvärlden hade jag aldrig använt ordet pedagogik. Nu använder jag det ofta – trots att jag tycker att det låter lite klumpigt, särskilt på engelska. Men ibland måste man ta till sig det lokala språket för att prata med de infödda.)

Om det gäller en säkerhetsexpert? Hållbarhet handlar om säkerhet på lång sikt och många traditionella säkerhetsområden – arbetsplatsolyckor eller hantering av farligt avfall – är också hållbarhetsfrågor. Att klargöra det från början, hjälper till att skapa övergångar till frågor som handlar om att reducera påverkan på naturen, minska sårbarheten för klimatförändringar, med mera. (Det här sättet att närma sig saken fungerade mycket bra för mig då jag en gång var rådgivare till ett byggföretag, och därefter till en grupp experter inom transportsektorn.)

Ovanstående tre exempel är ganska enkla. Men hur kan man prata med en hockeyspelare om hållbarhet? Hockeyspelare är tuffa men ingen som inte tar hand om sig själv och tänker långsiktigt klarar av att vara kvar i sporten. Spelet innebär en massa passningar och returer, vilket påminner om komplexiteten i ett system. Hållbarhet, liksom hockey, hjälper människor att samarbeta, att hitta nya vägar över tuffa hinder, och att nå ambitiösa mål. Och så var det förstås det där om att hindra isen från att smälta ...

Förstår ni vad jag menar? Allt som behövs är att tänka en aning på det sammanhang som en person verkar i för att lätt få igång ett meningsfullt samtal om hållbarhetsfrågor.

Självklart måste man vara lite skicklig här – och då menar jag i konsten att konversera. Om du träffar en hockeyspelare på en fest så säger du inte "Åh, du är hockeyspelare! Aha, låt oss prata om global uppvärmning och isar som smälter ... ". Om du gör det så har du tur om hockeyspelaren nöjer sig med att gå därifrån istället för att ge dig en känga.

Men om du inleder en trevlig, normal konversation, så kommer skämtet om global uppvärmning och isar som smälter att dyka upp naturligt – och kanske till och med från hockeyspelaren själv.

Bara för att det är bra att börja med att "prata med bönder på bönders vis" så ska man inte sluta där. Särskilt om du har lärt känna personen lite närmare är steget inte så stort till att börja tala om saker som har att göra med hållbarhet: om framtiden i allmänhet, tillståndet i naturen, vilken sorts samhälle vi vill att våra barn ska ärva. Enligt min erfarenhet har även den mest hårdnackade, konservativa klimatskeptikern en öm punkt då det gäller dessa frågor. Du kan hitta gemensamma nämnare hos de flesta personer om du för in samtalet på mer långsiktiga spörsmål som sammanfattar hållbarhetens själva väsen. Det enda du behöver göra är att leta.

(Faktum är att några av mina bästa yrkesmässiga minnen är då jag har fått bevittna hur ansiktsuttrycket hos människor som passar in på ovanstående beskrivning övergår från att spegla en viss oro till någon sorts aha-upplevelse. Detta inträffar då människor inser att de faktiskt har något gemensamt med den "gröna" människan som de tidigare föraktat.)

Nuförtiden är det mycket enklare att få i princip vem som helst att prata om hållbarhet, för det finns så många andra som gör det (inte minst tack vare Agenda 2030 och de Globala målen). Till och med World Economic Forum, den kanske mäktigaste samlingen av människor på vår planet, brottas med frågor som rör hållbarhet vid dess årliga möten.[6]

Låt inte avståndet som verkar finnas mellan hållbarhet och en viss persons yrke stoppa dig. Det finns alltid sätt att föra in hållbarhet i en konversation – och det är första steget mot att föra in hållbarhet i någons vardag.

---

[6] World Economic Forum hade vid sitt möte 2013 ett särskilt fokus på hållbarhet och relaterade koncept som t ex resiliens. Sen dess har WEF blivit en viktig nyhetskälla för allt som rör sig om hållbarhet. Se till exempel: https://twitter.com/wef

Hur man *inte* ska prata om hållbarhet

Ibland, om man ska prata om hållbarhet på ett framgångsrikt sätt, ska man *inte* använda själva ordet hållbarhet.

Detta kan vara svårt; om man känner passionerat för något (och de flesta personer som arbetar inom detta fält känner passionerat för hållbarhet) så vill man gärna prata om det. Men människor kan reagera negativt på vissa ord, och hållbarhet är ett av dem.

Så, vad gör du när du vet att personen som du pratar med är en skeptiker, kritiker, eller till och med en motståndare till hållbarhet? (Ja, hållbarhet har tyvärr motståndare.)

Du använder helt enkelt andra ord.

I ett företagssammanhang kan du till exempel använda dig av synonymer som socialt ansvarstagande (CSR) eller etiskt företagande. Du kan krydda ditt tal med termer som mervärde och intressentrelationer. Alla som arbetar inom fältet lär sig snabbt hur man kan göra detta.

Men i en mer utmanande situation, där man möter människor som uppvisar upp en tydlig fientlighet mot hållbarhet, så måste du göra ett val. Du kan stiga fram och försvara hållbarhet ... eller så kan du prata om hållbarhet utan att använda själva ordet. Nedan följer några exempel.

"Om vi fortsätter i samma bana kommer vi att stöta på allvarliga problem. Vi måste hitta nya, långsiktiga lösningar. Vad föreslår du?"

"Det ser ut som om er leverantörskedja är ganska känslig för förändringar i den yttre miljön. Vad har ni tänkt göra åt det?"

"Jag har läst ett par riktigt intressanta studier som visar hur lycka och välmående påverkar ett företags produktivitet och till och med lönsamhet."

Ser du? Jag använde inte ordet hållbarhet en enda gång.

Men det finns andra strategier som du kan använda också, förutom att bannlysa ordet hållbarhet från din vokabulär.

❖

Take-away-hållbarhet

Låt oss anta att du har tagit dig över hindret som användandet – eller icke-användandet – av ordet hållbarhet utgör. Du befinner dig i en konversation med någon, eller kanske till och med en hel grupp.

Vad ska du prata om?

Låt oss också anta att inte alla vill veta allting om klimatförändringar, omläggning av energisystemet, att leva inom planetens gränser, minskad biologisk mångfald, utrotande av fattigdom och liknande saker. Ett rimligt antagande, eller hur?

Och ändå, när vi arbetar med hållbarhet, så antar vi så gott som motsatsen. Vi utgår från att alla måste veta allting, med en gång, och vi börjar tala om det.

Vi begår misstaget att genast gå in på stor hållbarhet.

Det är som att bjuda in någon till en god måltid för att med en gång tala om för honom eller henne att måltiden är egentligen en bankett bestående av tjugosju rätter – varav många är nya för personen, och inte lätta att äta. Inte konstigt ifall många inte bryr sig om att dyka upp.

Så låt oss prata om en annan strategi för att undvika detta. Strategin heter take-away-hållbarhet.

Ja, jag har fastnat i matmetaforer. Jag tänker till exempel jämföra en box med goda kinesiska take-away-nudlar med den där oätliga tjugosjurättersbanketten: nudlarna är så mycket enklare att äta. Men det finns en annan betydelse här också: take-away-hållbarhet betyder att lyfta fram en hållbarhetsaspekt, skild från sitt hållbarhetskontext.

(Jag vet, det här känns fel, hållbarhet handlar ju om kontext. Men håll ut en minut.)

Ta till exempel systemtänkande; om du vill närma dig någon som antagligen skulle betrakta hållbarhetsbanketten som för mycket, kan du prova att presentera take-away-rätten som heter systemtänkande för dem. "Titta", kanske du säger, "här är ett sätt att närma sig en problemanalys som kanske kan hjälpa dig". Visa dem hur en liten gnutta systemanalys hjälper dem att lösa ett reellt problem som de har – oavsett vad problemet gäller.

Nämn inte ett ord om växthusgaser, ekosystemgränser eller global rättvisa i det här läget. Låt dem bara bli bekväma med det här sättet att närma sig hållbarhet. Visa dem dess förtjänster. Vänj dem vid att se kopplingar som de inte har lagt märke till innan. Och sedan, förr eller senare, kan du säga "vet ni vad, systemtänkande utgör verkligen själva hjärtat av det här med hållbarhet som ni kanske har hört talas om".

Eller ta välbefinnande: du kan kanske berätta för en person eller organisation att välbefinnande (eller lycka, beroende på vem du pratar med) är ett nytt sätt att mäta framgång på, ett mått som blir alltmer vanligt, ett som är kopplat till prestationer och förmågan att attrahera talangfulla medarbetare. Använd det argument som är mest övertygande då det gäller personen eller organisationen i fråga.

När du sedan har lyckats få dem att intressera sig för välbefinnande kan du presentera resten av ett holistiskt synsätt. "Välbefinnande utgör bara en del av ett mycket användbart verktyg som kallas Hållbarhetskompassen. V står för välbefinnande istället för väster. N står för natur, E (engelskans East) för ekonomi och S för samhälle. (Du behöver förstås inte använda dig av Hållbarhetskompassen. Du kan istället använda dig av det ramverk som är din favorit.)

Eller så är det smartast att stanna kvar vid välbefinnande (eller systemtänkande, eller den take-away-rätt som du har valt) bra mycket längre än så. Tanken är denna: eftersom allting är en del av en helhet kommer dessa take-away-rätter förr eller senare att föra med sig resten av hållbarhetsfrågan

Så småningom kommer arbetarnas välmående att kopplas samman med saker som hotar miljön. Systemtänkandet kommer gradvis att tvinga fram en konfrontation med resursbegränsningar. Processen kan kännas långsam, men take-away-hållbarhet är en effektiv strategi eftersom systemtänkandet till slut kommer att utöva sin kraft, ungefär som gravitationen. Fysiker anser att gravitation är en svag kraft (det krävs ett helt jordklot bara för att hålla oss nere på marken!), men den är trots allt oundviklig – precis som hållbarhet. Och långsam hållbarhet är mycket bättre än ingen hållbarhet alls.

Din målsättning är endast att få människor intresserade av en take-away-rätt. Om du bevisar att rätten är god ... så kan du presentera en rätt till. Och en till.

När så tiden är inne kan du säga "alla dessa verktyg och tillvägagångssätt som vi har pratat om utgör en del av att praktisera hållbarhet".

Men kom ihåg: bli inte otålig, tvinga dem inte plötsligt fram till bankettbordet, såvida de inte verkligen tycks be om det. Fortsätt att komma med nya goda "hållbarhetsrätter" till *deras* bord. Gör det enkelt: precis som gaffel, servett och extra kryddor alltid medföljer take-away-mat, gör de här människornas möte med hållbarhet så friktionsfritt som möjligt. Presentera verktyg, fallstudier och inspirerande historier för dem.

Hållbarhet är en förvärvad smak. Men det är en smak som nästan alla kan skaffa sig, om du visar dem en väg som de kan följa steg för steg.

❖

Hållbarhet = kvalitet

För ungefär tjugo år sedan framförde jag ett djärvt påstående. "En dag", sa jag, "kommer hållbarhet att vara som kvalitet och hållbarhetsrörelsen som rörelsen TQM". Kommer du inte ihåg TQM? Total Quality Management? Nej, många av er som läser den här boken minns nog inte TQM-rörelsen. (Och många av er kommer antagligen att behöva söka upp termen, TQM, på internet.)

Det beror på att produkters och tillverkningsmetoders kvalitet slutade vara en ny fråga för länge sedan. Det finns inget behov av ett missionerande kring kvalitet längre. Att ställa höga kvalitetskrav på själva tillverkningen och att sikta på att produkter inte ska vara behäftade med defekter, var en gång en djärv, ny idé. Nu är det fullkomligt normalt.

"Och det är det som kommer att hända i framtiden då det gäller hållbarhet", brukade jag säga till dem som orkade lyssna. "Hållbarhet kommer att bli det nya normala."

Nu befinner vi oss i denna framtid – och det är precis det som har börjat hända, sedan en längre tid tillbaka.

Hållbarhetens resa mot "normalt" har följt en liknande stig som den som kvalitet följde, från inledningsstadiet i form av tankesmedjor och aktivism, via en tidig anslutning av visionärer och marknadsledare till standardisering och rigorösa planeringsrutiner hos regeringar, stora företag och institutioner.

I detta avseende är hållbarhet *precis* som kvalitet.

Så det är dags att göra en ny, mer djärv, förutsägelse: *hållbarhet och kvalitet kommer att smälta samman*. De kommer att bli samma sak.

Med det påståendet menar jag inte att hållbarhet kommer att inordnas i väldigt strukturerade kvalitetsledningssystem som Lean Six Sigma (även om den integrationen redan pågår[7]). Det jag menar är att hållbarhet kommer att ses som ett basalt kriterium då det gäller ... ja, allting som har att göra med en produkt eller en tjänst. Självklart ska både en produkt och sättet som den tillverkats på vara bra. Det är kvalitet. Och det innefattar produktens och tillverkningsmetodernas hållbarhetsprestanda. Så hållbarhet är – eller kommer åtminstone snart att vara – en del av det som vi menar med kvalitet.

I en inte alltför avlägsen framtid kommer saker som inte är hållbara att betraktas som slarviga, smaklösa, oattraktiva, oskickligt gjorda och tråkiga. Som saker som saknar kvalitet.

---

[7] Om du söker på Internet med sökorden "lean six sigma sustainability" kommer du att hitta många aktuella exempel.

Menar jag verkligen allting? Ja, allting.

Se på fotboll: oavsett om det rör sig om den amerikanska versionen, eller den australiensiska versionen ("footy"), eller resten av världens variant. Vi vet alla vad fotboll av hög kvalitet är. Som det är nu inkluderar vi inte hållbarhetsaspekter i det, åtminstone inte i någon större utsträckning.

Men det skulle vi lätt kunna göra. Alltifrån lagens dräkter till hur lagen reser, till maten som serveras på arenan (och arenan i sig), till den sociala påverkan sporten har och hur dess ekonomi sköts. Det är lätt att föreställa sig mer hållbara sätt att hantera allt detta.

Det är faktiskt nästan oundvikligt att ovanstående, en vacker dag, kommer att hanteras mycket mer hållbart.

Och att inte göra det kommer att ses som slarvigt, smaklöst, oattraktivt, oskickligt och tråkigt. Precis som en fotbollsspelare måste försäkra sig om att strumporna är uppdragna innan det är dags att springa ut på fotbollsplanen under ett mästerskap, måste de som jobbar vid arenan se till att gräset har preparerats med hjälp av soldrivna maskiner, och att maten som serveras vid matchen har ett hållbart ursprung och serveras i komposterbara kärl (eller någon högteknologisk lösning som utgör en del av ett kretsloppssamhälle).

Spelarna kommer att anlända i klimatneutrala fordon, och ägarna kommer att märka den positiva effekten av hållbarhet på verksamhetens ekonomiska resultat. Snart kommer allting annat att ses som något som ligger väldigt långt efter sin tid. (Men vänta: det här pågår ju redan, i USANational Football League.[8])

Jag upprepar – eftersom det är väldigt viktigt – hållbarhet kommer att

---

[8] Efter att ha gjort ett utkast till avsnittet om fotboll år 2013 (och inte innan), sökte på jag internet på frasen "football sustainability". Upp dök en artikel som bara var en vecka gammal om hur NFL i USA hanterar hållbarhet på just dessa sätt:
http://www.guardian.co.uk/sustainable-business/nfl-champion-sustainability
Processen pågår fortfarande och nu (år 2018) har även NFL en egen hemsida om hållbarhet: http://nfl.greensports.org/

ingå i det som vi uppfattar som kvalitet. Saker som inte är hållbara kommer inte att kvalificera sig som bra, av hög kvalitet eller välgjorda. Vi är inte riktigt där än, men det är inte långt kvar.

Ett sätt att praktisera hållbarhet är för alla är att föreställa sig sig själv i en framtid där hållbarhet är synonymt med kvalitet. Vart du än beger dig, se dig omkring. Vad ser du som inte är bra, än, men som kommer att bli det en dag?

Vem kan du få med dig för att påbörja ett arbete som leder till att din vision ska bli verklighet?

Var kan du se hållbarhet som bara väntar på att skapas?

❖

Hållbarhet och resiliens

En sak behöver vi inte oroa oss för: hållbarhet är inte på väg ut. På senare tid har det varit populärt, i vissa kretsar, att säga att hållbarhet är "yesterday's news" och att resiliens har tagit dess plats. Åtminstone har författaren av en populär bok om resiliens gjort sådana påståenden.[9]

Så här är det: andra har uttalat sig på liknande sätt tidigare, menat att hållbarhet inte är ett tillräckligt bra begrepp, undrat om inte andra koncept borde ersätta hållbarhet. Vissa har hävdat att hållbarhet är alldeles för tråkigt, eller komplicerat, eller för vagt för att vara användbart. (Hur något kan vara både komplicerat och vagt samtidigt är ett mysterium för mig, men jag har hört folk använda båda dessa ord i sin kritik och i ett och samma andetag.)

Denna typ av tillfälliga, kritiska uttalanden har framförts i flera år. Och hållbarhet finns fortfarande kvar som begrepp.

Vidare skulle få människor som forskar om resiliens stödja påståendet att resiliens kan ersätta hållbarhet – eftersom de är två helt olika begrepp. I själva verket utgör resiliens en *del av* hållbarhet.

Resiliens är en underbar, användbar och kritiskt viktig idé. Resiliens är essentiell för hållbarhet. Om inte saker tål störningar, kan "studsa tillbaka", förändras och anpassas till reviderade omständigheter, kommer de inte att vara ... hållbara.

Men det finns andra dimensioner av hållbarhet som inte har något alls att göra med resiliens. Ett samhälle kan vara resilient, men ändå förstöras av en kärnkraftsolycka, för att ta ett exempel.

---

[9] Andrew Zolli, "Learning to Bounce Back", *New York Times,* 2 november 2012
http://www.nytimes.com/2012/11/03/opinion/forget-sustainability-its-about-resilience.html

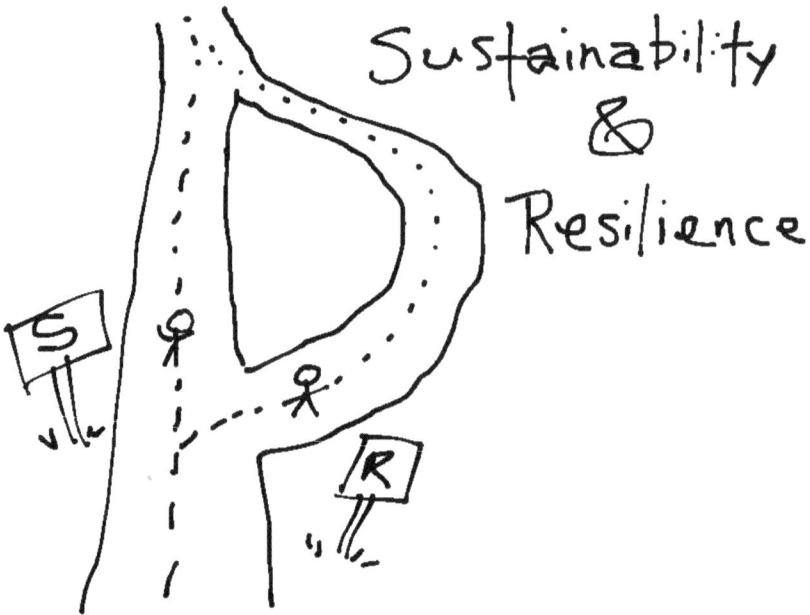

Anamma gärna resiliens, använd termen och konceptet, där det är lämpligt. Om människor föredrar att prata om resiliens, använd det begreppet. (Se avsnittet Hur man *inte* pratar om hållbarhet.)

Men låt dig inte luras. Hållbarhet, själva ordet, kan variera i popularitet och användning. Men hållbarhet, konceptet, försvinner inte. Vi kommer alltid att behöva ta itu med långsiktiga systemfrågor – fram till dess att vi blir så automatiskt hållbara som civilisation att vi inte behöver tänka på det alls längre.

Jag ser fram mot den dagen, men den är inte här än.

❖

Bördan av kunskap

En av de stora yrkesriskerna med att arbeta inom hållbarhet är skyldigheten att hålla sig välinformerad om tillståndet i världen.

Den delen av arbetet är inte kul. Eller snarare är den oftast inte kul. Ja, det kan finnas en viss makaber fascination som några av oss känner när vi läser om vad skenande klimatförändringar skulle kunna åsamka den mänskliga civilisationen, eller när man tittar på ett nytt filmklipp om en djurart som dött ut. Men känslan av att vi tittar på någon spännande katastroffilm, eller en global mordgåta, försvinner snabbt. Detta är verklighet, inte fantasi. Man blir snart nedstämd och önskar att de dåliga nyheterna kunde ta slut.

Som ett exempel kan jag nämna att medan jag skrev det här kapitlet (2013) publicerades nyheten att den genomsnittliga nivån av koldioxid i atmosfären är på väg att passera 400 ppm – högre än den någonsin har varit så länge som moderna människor har existerat. De globala utsläppen av växthusgaser är fortfarande på väg mot katastrofscenarier. Vi kan vakna upp, om bara några år, till en värld där den arktiska havsisen försvinner helt varje sommar. Vi befinner oss på en bana som leder oss till en mycket varmare värld.

Jag känner till detta ... och är inte glad över att jag gör det. Den här typen av kunskap känns som en stor, överfylld ryggsäck, som drar ner mina axlar och saktar ner mina steg.

Hur ska man hantera bördan av att vara extra välinformerad om dessa obevekliga, förkrossande hot mot livet som vi känner det, och de allt mer dystra framtidsutsikter som följer?

Det finns bara tre metoder som fungerar för mig.

Ett: att beklaga mig över eländet tillsammans med vänner. Det känns bättre att beklaga sig i sällskap med andra människor. Och det är verkligen eländigt att veta att vi snart får se de sista vilda tigrarna, eller att miljoner människor redan lider av effekterna av den pågående klimatförändringen. Det finns ingen lätt väg runt de känslor som följer med denna vetskap. Då är det bra att vara, och känna, tillsammans med andra. Vissa gör det helst över en öl, andra gör det på religiösa eller ceremoniella sätt, beroende på ens egen kultur. Vilken metod du än väljer: hitta på något sätt att uttrycka dina känslor. Att uttrycka en del av denna sorg, rädsla, ilska och förtvivlan kommer att göra dig förvånansvärt gott. Att må dåligt, tillsammans med andra människor, hjälper dig faktiskt att må bättre.

Två: med hjälp av humor. Som jag berättade i min bok *Believing Cassandra* kunde jag, när jag först började arbeta professionellt med allvarliga problem som den globala uppvärmningen, lätta min börda och lägga ifrån mig den tunga ryggsäcken en stund genom att skriva tragikomiska sånger om vår tids dilemman. Du behöver inte skriva egna låtar eller hitta på egna skämt för att kunna låta humor utöva sin magiska kraft. Det är bara att hitta någon som är bra på det och som kan få dig att skratta: absurditet älskar också sällskap.

Tre — och det här är verkligen det viktigaste av allt, självklart — odla hoppet. Hur gör man det? Enkelt: genom att agera.

Ingen av de stora hållbarhetsproblemen, som vi alla vet för mycket om, kommer att lösas om inte vi alla fortsätta att arbeta på att lösa dem. Positivt uttryckt, de kommer *alla* att lösas, om vi *alla* lägger manken till, vidtar åtgärder, och arbetar hårt, under en lång tid, med både stora och små frågor.

Låt mig berätta om en av mina egna pågående åtgärder som jag ägnar mig åt just nu med avsikt att odla hoppet och att lätta känslan av tyngd som bördan av att veta för mycket om ohållbara trender på den här planeten, under en för lång tid, medför.

Hållbarhet är för alla.

Att "göra" hållbarhet

"Ja, OK, men *vad* ska jag göra?"

Nästan alla som arbetar med hållbarhet, och som försöker få andra människor att engagera sig i arbetet med hållbarhet, måste svara på den här frågan (eller varianter av den) väldigt ofta.

Oavsett om hållbarhetsfrågorna är stora eller små, låter ordet nästan alltid abstrakt. Det beror på att det faktiskt är abstrakt. Hållbarhet är ett begrepp, ett sätt att tänka, ett sätt att analysera och förstå.

Så vad innebär det att "göra" hållbarhet? Hur svarar vi på den frågan?

Det beror på.

Först och främst beror det på vilken situation som personen som ställer frågan befinner sig i. För en VD leder hållbarhetshänsyn till att vissa beslut måste fattas, och ofta till att vissa förändringsprocesser måste genomföras. "Låt oss se över våra produktionsprocesser för att minska våra koldioxidutsläpp", till exempel. Eller "Jag har gått igenom den senaste tidens managementlitteratur som beskriver hur främjandet av lycka och välbefinnande förbättrar prestationen på jobbet, och jag tror att vi måste genomföra vissa förändringar när det gäller hur vi behandlar våra anställda".

För en vanlig lekman kan frågorna låta likartade, men innehållet skiljer sig åt. "Vilken typ av bil ska jag köpa? Med tanke på att jag vill minska mina koldioxidutsläpp, ska jag ens köpa en bil?" eller "Hur kan jag öka min arbetsglädje?".

Precis som då det gäller att prata om hållbarhet hänger att "göra" hållbarhet tätt samman med vem som agerar, och i vilken situation.

Är det alltid en bra idé att gå över till vegetarisk kost, till exempel? Inte om du är inuit och jägare. Vad sägs om att köra bil mindre? Detta skulle vara ytterst svårt för en skogsarbetare som varje morgon pendlar till den skogsmark där han arbetar och som ligger långt bort från hemmet.

Det finns ingen enkel väg runt detta faktum: beslut om hur man "gör" hållbarhet är alltid beroende på sammanhanget. Det finns ingen lista över "Tio saker att göra" som passar alla.

Det finns bara frågor att ställa ... och därefter, beroende på svaren på dessa frågor, beslut att fatta och åtgärder att vidta.

Här är en enkel uppsättning frågor som du kan använda för att underlätta för dig själv eller andra att komma igång. De kan hjälpa dig att svara på den stora och förbryllande frågan vi började med: *"Vad ska jag göra?"*.

1. Vilka trender ser jag runt omkring mig som inte är hållbara?

Vilka situationer ser du som verkligen inte kan fortgå att vara som de är utan att oundvikligen leda till allvarliga problem längre fram, för människor, naturen eller både och? Se dig omkring, du kommer att lägga märke till många sådana trender.

2. Vilka av dessa trender vill jag försöka arbeta med för att bryta?

Ordet *vill* är mycket viktigt här. Det finns *många* problem som faller under kategorin "hållbarhetsproblem". Ingen kan göra allt. Men alla kan göra något, och det bästa sättet att bibehålla din energi är att välja något där du har en stark egen motivation. Att känna "jag vill" och inte "jag måste" är något som verkligen kan hjälpa dig att fortsätta göra något, under en lång tid.

3. Vilka beslut kan jag fatta och vilka åtgärder kan jag vidta för att skapa en positiv förändring?

Det viktiga ordet här är *kan*. Alla *kan* fatta beslut gällande sina egna val och sitt eget beteende. Alla *kan* göra sitt bästa för att leva som man lär – att själv visa genom sitt privatliv vilka förändringar man skulle vilja se runt omkring sig.

Men de flesta av oss kan också fatta beslut och vidta åtgärder som påverkar andra personer, eller till och med hela organisationer. Vi *kan* välja andra riktlinjer, mål, sätt att göra saker och metoder att mäta framgång. Den ultimata frågan är egentligen den här: *Kommer* vi att göra det?

Att "göra" hållbarhet handlar om att se till att *kan* blir ett *ska*. Den enda personen som kan göra det åt dig ... är du själv.

Emot "hållbar konsumtion"

Vanligtvis försvarar jag hållbarhetsspråket mot alla angripare. Men nu kommer jag att vara kritisk. Det finns en fras som vi borde förändra i vårt gemensamma hållbarhetsspråk. Det kommer att bli svårt att ändra detta eftersom frasen är inskriven i internationella överenskommelser, i namnen på organisationer, och i miljontals sinnen.

Vi måste sluta tala om hållbar konsumtion. Vi måste sluta tänka på människor som hållbara konsumenter.

Problemet ligger i ordet konsumera. Det betyder att förstöra.

Konsumenterna är förstörare. Vi behöver inte "hållbara förstörare". Vi behöver människor som använder hållbara produkter och tjänster på ett hållbart sätt: med ett långt tidsperspektiv, och med hela systemet i åtanke.

Här kommer ett förslag till företag: gör er av med ordet konsument. Fokusera på ordet kund (customer). Kunderna är människor som har för vana (custom på engelska) att komma tillbaka till er, igen och igen. Frasen "hållbar kund" är nästan överflödig! Bra kunder har, per definition, en hållbar, långsiktig relation med ditt företag.

Att hitta nya, hållbara affärsmodeller är lika enkelt (och svårt) som att byta från konsumentmodellen till kundmodellen.

Och då det gäller hållbar konsumtion: var snäll och undvik denna motsägelse. Prova att använda begreppet hållbart bruk istället.

Därefter fortsätter du att använda den frasen, om och om igen. Precis som du kan återanvända en produkt.

(OBS: I enlighet med tidigare råd följer här är en varning. Om du arbetar med människor som gillar att använda begreppet hållbar konsumtion, eller som måste använda det av någon anledning, finns det inget skäl att bråka om det. Lyssna på deras önskemål även om du delar min uppfattning. Tala deras språk ... och fokusera på det verkliga arbetet för att åstadkomma positiva förändringar.)

❖

Hållbarhet och optimism

För några år sedan hörde jag någon i en seminariepublik i Stockholm be den kända hållbarhetsforskaren Lester Brown svara på denna fråga: "Hur kan du fortsätta att vara optimist efter alla dessa år då du har sett den globala miljösituationen förvärras?". Lesters replik kom på en gång. "Jag har ett svar som består av ett ord. Bourbon."

Senare lånade jag Lesters kvickhet men ändrade repliken till två ord: single malt.

Naturligtvis skämtade Lester (mestadels), för han fortsatte därefter att tala om hur viktigt det är att leta efter och lägga märke till tecken på förändring runt omkring oss.

Och nu har jag mestadels övergett single malt som ett sätt att framkalla skratt, och anammat en annan uppsättning repliker bestående av ett eller två ord som mer seriöst besvarar frågan hur man kan bibehålla en känsla av optimism. Nedan följer några av dem.

Barn. Oavsett om du har egna barn (det har jag) eller om du känner och älskar andras barn (det gör jag också), kan barn vara en stor källa till optimism. Ju äldre man blir, desto mer framstår de som enorma källor till möjligheter. De är utan tvekan vandrande, pratande budbärare till framtiden; när de anländer dit kommer de att vara oerhört skickliga på att hantera problem som varken du eller jag ens kan föreställa oss. Med så många framtida möjligheter som promenerar runt omkring en, med så klara bevis på att förstärkning är på väg, är det svårt att inte tro att hållbarhetsarbetet ska fortsätta, och att världen kommer att bevittna allt större och allt snabbare positiva förändringar.

Innovation. Se dig omkring! Vi översköljs av innovationer! Vem skulle ha trott för femton år sedan att Tyskland nu skulle täckas av solcellspaneler? Hur kunde alla dessa bilpooler och utlåningssystem för stadscyklar dyka upp så snabbt? Titta på vad som hänt med glödlampor!

Förändring sker definitivt snabbt, och stora delar av den är mycket lovande. Det allt snabbare tillskottet till innovationerna i våra liv utgör en stor potential, vi behöver bara se till att fler och fler av dem för oss i en hållbar riktning.

Människans historia. Shakespeare försåg Hamlet med en bra fras: "ett bittert ödes styng och pilar". Människan har verkligen upplevt sin beskärda del av dessa under århundraden och årtusenden. Istider kunde ha utplånat oss, för att inte tala om hemska farsoter, krig och vulkanutbrott. Vi är fortfarande här. Mänsklighetens historia är *redan* en historia som bestått av stora utmaningar följda av anpassning, uppfinning, och överlevnad, ibland kamp mot mycket tuffa "stygn och pilar". Vi har klarat av det förut, vi kan klara av det igen.

Nutidshistoria. Det här är mer personligt; under tre decennier av hållbarhetsarbete har jag sett många saker förändras till det bättre – även på mycket grundläggande nivå. Jag minns när ingen jag träffade hade hört talas om hållbarhet. Jag kommer ihåg när till och med mina egna familjemedlemmar kliade sig i huvudet och frågade mig "öh, vad är det nu du gör igen?". Nu är de alla engagerade i hållbarhet, åtminstone på det personliga planet. Idag vet de flesta människor som jag möter, åtminstone i yrkeslivet, vad hållbarhet är – och de flesta stora organisationer har även en hållbarhetsansvarig. Vi har kommit långt. Optimism inför framtiden kommer från att se och minnas de framsteg vi redan har gjort.

Musik. Detta är det svar, med ett ord, som jag tycker bäst om nuförtiden. Musik har varit en absolut tillförlitlig konstant i mitt liv, något som ger mig tröst i ögonblick av förtvivlan, framkallar upprymdhet i stunder av firande och utgör en kanal för kreativt utlopp när saker omkring mig känns destruktiva. Det är inte alla som håller på med musik, eller ens gillar musik. Men alla kan hitta det där speciella "någonting" (hobby, konst, sport eller någon annan fritidsaktivitet) som är en glädje i sig – och som fungerar som en motor som håller en igång, även då man känner att man har fått nog.

Oavsett vad du gör, var snäll och ge inte upp. Vi behöver dig.

Att behålla en känsla av optimism är avgörande för att inte ge upp. Men optimism är inte ett karaktärsdrag. Det är ett val, och det kräver ständig näringstillförsel. Du måste hitta ditt eget ett- eller tvåordssvar på frågan som jag hörde ställas till Lester Brown (och som har ställts till mig otaliga gånger). Hitta det. Gör det.

Och kom ihåg att det alltid finns någon form av uppmuntran som du ännu inte känner till precis runt hörnet. Det kan du räkna med.

Osynlig hållbarhet

Hållbarhet, i alla dess dimensioner, finns redan runt omkring oss. Vi ser den ofta inte så tydligt, och ibland inte alls, eftersom den är alltför långt bort, sker långsamt, eller för att det rapporteras för lite om den. Jag anser mig mycket välinformerad, men jag blir gång på gång överraskad av hållbarhet som plötsligt dyker upp och som tidigare var osynlig. Jag har kommit till den punkten att jag nu tar för givet att det finns mycket mer hållbarhet än den jag kan se.

Ett exempel är då jag i arbetet besökte den vackra landsbygden i Namibia i södra Afrika och sprang jag på en väns vän, en man som heter Keith och som arbetade då för Världsnaturfonden. Över ett glas fantastiskt sydafrikanskt vin berättade Keith den mest enastående historien om hur Namibia i slutet av 1990-talet beslutade att inrätta lokala naturvårdsråd. Dessa råd har frodats och multiplicerats så att en av åtta namibier nu deltar i dem. Som en direkt följd har Namibia en växande population av lejon, elefant, bergszebra och andra djur – tillsammans med ökande turistintäkter och en förbättrad levnadssituation för landets fattigare invånare.

Det är hållbar utveckling – framsteg som leder till hållbarhet – då den är som bäst; en storskalig, snabb förändring som skapar förbättringar i Hållbarhetskompassens alla riktningar. Naturen återhämtar sig. Ekonomin har fått ett rejält uppsving. Den sociala väven har berikats. Och människors välbefinnande ökar definitivt.

Och den här historien var helt osynlig och okänd för mig innan jag åkte iväg till Namibia 2013 och råkade träffa Keith Sproule. (Tack, Keith!)

Kanske kände du redan till historien om Namibia, eller kanske inte. I vilket fall som helst slår jag vad om att det finns tusentals fler historier om hållbarhet ute i världen, till och med i ditt eget närsamhälle, som du inte känner till än.

Sustainability is there ...
if you just know how to
see it

Och om du får höra talas om dem, kommer du att känna dig manad att föra dem vidare (som jag gjorde med berättelsen om Namibia), eftersom de odlar hopp och inspirerar till handling.

För att inspirera dig att fortsätta söka efter osynlig hållbarhet så ger jag dig en liten tom ruta. Gå ut och leta. Hitta något underbart som händer som du inte redan visste om, och som alltför få människor känner till.

Och skriv sedan ner det här. Gör det osynliga synligt.

Ett par saker att se upp för

På fester slappnar folk ofta av och avslöjar hur de verkligen tänker och ser på saker och ting – saker som de inte kan prata om vid ett möte på jobbet. Det här är också ett sådant tillfälle.

Jag lovade att jag skulle skriva om saker som jag ångrar och vill varna för när det gäller hållbarhetsarbete, och här kommer de. De är inte många men jag vill fokusera på tre av de viktigaste. Åtminstone medförde de viktiga lärdomar för mig.

För det första ångrar jag de gånger jag tog med mig min gitarr på en arbetsresa men aldrig tog fram den ur fodralet. Jag såg förmodligen en dålig film på hotellets tv i stället för att spela lite trots att musik, vilket jag redan har berättat, alltid ger mig en psykologisk "boost" eller är som balsam för min själ.

Jag säger inte att du ska spela gitarr. För mig gäller denna ånger något djupt symboliskt som rör oss alla. Ofta har vi precis det vi behöver. Det finns där. Vi skulle må så mycket bättre, eller vara så mycket mer produktiva, om vi bara använde den kunskap, de verktyg och de insikter som vår erfarenhet gett oss och som vi har till hands. Och precis som det var med mig och gitarren så tar vi alltför sällan fram dem ur fodralet.

För det andra vill jag dela med mig av en varning. Det har funnits ett par tillfällen i mitt yrkesliv då jag inte känt igen maktspel eller sabotage innan det varit för sent. När du väl inser det – när du äntligen ser att någon har verkat i det fördolda för att omdirigera skeendet, sabotera ditt initiativ eller underminera din roll som förändringsagent – är det redan för sent. Du är fångad i en malström av motåtgärder och reaktioner, och ofta innebär det alldeles för mycket arbete att hantera den känslomässiga sidan av det som händer. Det slutar sällan bra.

Men det finns sätt att känna igen detta innan det drabbar en. Man lär sig det med facit i hand, naturligtvis, men man kan också lära sig att i förväg läsa av tecknen. Och när man ser dem, om så bara lite i förväg, kan man arbeta med sina känslor först, lägga dem åt sidan, tänka strategiskt men också med medkänsla, och hitta ett sätt att undvika stormen innan den når fram. Åtminstone kan man prova. (Erfarenheter som dessa är en anledning till att jag skrev flera sidor om hur man känner igen maktdynamik i min bok *The Sustainability Transformation*.)

Och för det tredje: ju äldre jag blir, desto mer jag ångrar alla de gånger då jag kände mig tvingad – ofta på grund av en position som jag hade eller oskrivna spelregler i en process – att utesluta helt underbara människor. Missförstå mig inte: det finns tillfällen då man måste sätta en gräns för hur många man bör vara i en viss situation eftersom dynamiken inte fungerar annars. Och det finns naturligtvis tillfällen när man måste vara diskret, eller respektera nödvändigheten av sekretess. Men det finns gott om situationer då dessa upplevda gränser bara är skenbara. Jag måste ofta påminna mig själv om den läxa jag lärde mig under mitt första samarbetsprojekt kring hållbarhet, projektet *Sustainable Seattle*: att inkludering föder kreativitet. I denna process, som var ett landmärke för tjugofem år sedan, kom till exempel några av de bästa idéerna gällande nya hållbarhetsindikatorer från de yngsta deltagarna, som inte hade någon direkt position eller social portfölj – förutom att vara student.[10]

Så här följer mitt budskap till dig.

---

[10] *Sustainable Seattle* var ett volontärinitiativ som jag grundade 1991 ihop med vänner. Tillsammans skapade vi världens första uppsättning av hållbarhetsindikatorer för en stad med hjälp av en bred intressentdialog. *Sustainable Seattle* omnämndes som en Best Practice av Förenta Nationerna och kopierades, eller användes som en referenspunkt, av många andra initiativ runt om i världen. Det gör mig fortfarande glad att minnas hur gymnasieelever bidrog på ett mycket värdefullt sätt till vår process.

Ta fram gitarren (eller motsvarande personliga symbol) ur fodralet, och spela!

Var inte naiv, vissa människor kommer verkligen att försöka sätta käppar i hjulet för dina planer. Var vaksam, men utan att vara paranoid.

Och så mycket som du bara kan, trots vad jag sa om att vissa människor inte är att lita på … släpp in folk. Låt dem var med. Låt dem skapa, bidra, samarbeta.

Hållbarhet är för alla.

Hållbarhetsarbetets framtid

En dag kommer vi alla att kunna sluta arbeta med hållbarhet, eftersom hållbarhet kommer att vara helt och hållet automatiskt integrerad i nästan varje aspekt av våra ekonomier, samhällen, teknologier och privatliv.

Men detta "vi" avser människor i mycket allmänna ordalag. Det gäller förmodligen inte oss, här, nu.

Jag har jobbat med hållbarhet i trettio år. Jag förväntar mig att jag kommer att fortsätta arbeta med hållbarhet, i någon form, i många år framöver ... och förmodligen hela vägen till mitt sista andetag. Just nu jobbar jag som statstjänsteman, men oftast har jag jobbat som konsult. Ordet konsult betyder i dess ursprungliga latinska form helt enkelt att betrakta saker och ting noga. Att diskutera dem. Att prata.

Om vi ser framåt på de kommande decennierna, kommer vi definitivt att behöva tala om hållbarhetsfrågor – oavsett om vi använder ordet "hållbarhet" eller inte.

På problemsidan kommer det att finnas klimatförändringar att anpassa sig till, resursbrist att hantera, fattigdom att bekämpa, och fortsatta utmaningar när det gäller att bevara vår planets ekologiska hälsa. Det kommer att finnas en enorm demografisk förändring att ta hänsyn till, då den rika världen blir gammal, och den unga världen blir rikare. Det kommer att finnas ett ständigt närvarande hot om konflikter som kan eskalera till krig, vilket kommer att kräva allt större vaksamhet, diplomati och förebyggande åtgärder, i en allt mer befolkad värld. Kvar kommer också att finnas bryderiet om vad som verkligen gör oss människor lyckliga och nöjda, och hur vi ser till att bli det utan att förstöra detta mirakulösa klot av liv.

På lösningssidan finns det många innovationer som måste implementeras, många pilotprojekt som måste förstoras skalenligt, många industrier på jakt efter omvandling, och många berättelser och fallstudier om osynlig hållbarhet att upptäcka – eller skapa – och sprida över hela planeten.

Det återstår tillräckligt med arbete för att hålla oss alla som väljer att göra hållbarhet till en del av vårt livsverk upptagna under en lång tid framöver.

Viktigt att understryka är att det finns så mycket kvar att göra att vi som anser oss vara "proffs" aldrig ens kan hoppas på att kunna göra det själva. Vi måste rekrytera andra. Många andra. Inom varje yrkesområde, och inom livets alla delar.

Ja, vi behöver definitivt fler hållbarhetsproffs. Men vi kommer också att behöva många fler "hållbarhetsamatörer", människor som arbetar med att främja medvetenhet och handling oavsett vilken position eller yrke de har, helt enkelt för att de bryr sig.

Kommer professionellt hållbarhetsarbete vara annorlunda i framtiden jämfört med vad vi gör nu?

Naturligtvis. Om jag ser tillbaka trettio år (jag började arbeta inom detta område 1988), blir jag förvånad över hur saker och ting har förändrats. Koncept som att länka hållbarhet till förändringsagenter hade ännu inte fötts. (Jag hade turen att ha ett finger med i spelet då begreppet förändringsagent började användas i hållbarhetssammanhang.) Utbildning för hållbar utveckling var fortfarande Environmental Education. Företagens hållbarhetsrapportering hade inte ens börjat. Det fanns verkligen inga standarder, riktlinjer eller tydliga Planetary Boundaries definierade som alla kunde använda. Det fanns inga forskarutbildningsprogram, certifierade utbildningar eller magisterutbildningar inom området hållbarhet. Självklart fanns det inga Globala mål som var godkända av hela världssamfundet.

Nu har vi tillgång till hundratals eller tusentals verktyg, koncept och program för hållbar utveckling. Och nya mycket användbara verktyg och begrepp utvecklas varje år. Det finns även tusentals nya hållbarhetsproffs, skolade i, och duktiga på, att påskynda en positiv, storskalig förändring.

Dessa nya omständigheter skapar förutsättningar för ett nytt sätt att åstadkomma hållbar utveckling. Inom en överskådlig framtid – även om framtiden oftast inte går att skåda in i – tror jag att hållbarhetsarbetet kommer att handla om att förstora skalenligt, att nå ut, fördjupa, bredda, engagera och "mainstreama".

Ja, den teknologiska sidan av hållbarhet kommer att fortsätta avancera. Vi kommer att behöva alla bra verktyg och knep vi kan hitta. Men den verkliga utmaningen kommer att vara att föra ut hållbarhet till fler och fler människor, och få dem delaktiga i processen att skapa visioner, planera och genomföra hållbarhet.

Den verkliga utmaningen när det gäller framåtskridandet är att se till att hållbarheten blir mindre speciell, mindre annorlunda. Mer normal, mer naturlig. Till och med ett skäl till en fest! Detta sker redan, men vi måste göra det snabbare, så fort som det bara är möjligt. Det är därför jag antar detta nya motto för mitt arbete, och delar det med dig, och ber dig att tänka på det tillsammans med mig.

Var med i en dialog om detta motto – om vad det betyder, och om vad det antyder att vi kan göra för att den omvandling som vi behöver ska ske snabbare.

Hållbarhet är för alla.

❖

Vill du fortsätta denna konversation?

Ta gärna kontakt med mig via bloggen:

http://AlanAtKisson.com

Eller sociala media:

http://facebook.com/AlanAtKissonPublic

http://twitter.com/alanatkisson

@alanatkisson

Om författaren

Alan AtKisson har en utbildning i filosofi, vetenskap och humaniora från Tulane University i New Orleans i USA, och från Oxford University i England . När han tog sin examen 1981 erhöll han ett stipendium (Henry Luce Scholar) och sändes till Malaysia för att under ett år arbeta som terapeut åt heroinmissbrukare (han var då 21 år) . När han återvände till USA arbetade han som musiker och låtskrivare i New York, hjälpte till att starta ett klädföretag och jobbade som administratör för en internationell fredsorganisation innan han startade en egen tidning 1988.

Efter att ha blivit erbjuden tjänsten som redaktionschef för den banbrytande tidskriften om hållbarhet *In Context Magazine*, grundad av Robert och Diane Gilman, flyttade han till Seattle. Under sin tid i denna roll (och senare som verkställande redaktör för tidskriften) blev Alan vän med många andra pionjärer inom hållbarhetsområdet, bland andra Donella Meadows, huvudförfattare till klassiska *The Limits to Growth* från 1972. År 1992 erbjöd Donella Alan att bli medlem i Balaton Group, ett internationellt nätverk av hållbarhetstänkare och -aktörer. Samma år började han tala vid nationella och internationella hållbarhetskonferenser om sitt volontärarbete med det banbrytande initiativet *Sustainable Seattle* och om de verktyg han hade börjat utveckla för att driva på arbetet med hållbarhet.

Över tjugo år senare, efter att ha etablerat ett internationellt nätverk av hållbarhetsexperter (AtKisson Group), publicerat flera böcker (inklusive *Believing Cassandra* och *Sustainability Transformation*), och haft flera andra ledande positioner (bland andra ordförande i Balaton Group och verkställande direktör för Earth Charter Initiative), blev Alan AtKisson 2013 invald i *Sustainability Hall of Fame* ™ av *International Society of Sustainability Professionals*. År 2018 blev han statstjänsteman och började arbeta som avdelningschef på Sida, Sveriges biståndsmyndighet.

Mer information

www.AlanAtKisson.com
Alan AtKissons personliga webbsajt/blogg (på engelska)

http://facebook.com/AlanAtKissonMusic
Information om Alans album och låtskrivande

http://globalamalen.se
Resurser för att lära sig om de globala hållbarhetsmålen (SDGs)

http://sforeveryone.wordpress.com
Webbsajt för denna bok

.

www.ingramcontent.com/pod-product-compliance
Lightning Source LLC
Chambersburg PA
CBHW070947210326
41520CB00021B/7095